Un mot aux parents

C'est en lisant des livres à son enfant et en l'invitant à jouer avec les mots que le parent peut le mieux l'aider à apprendre à lire. Les histoires simples de la série *Mon premier Je peux lire!* avec cartes-jeux sont conçues pour encourager la participation tant du parent que de l'enfant. Chaque livre comprend six pages d'activités et 16 cartes qui aideront l'enfant à prononcer les mots, à les reconnaître, à les utiliser et à en comprendre le sens. Voici quelques trucs qui favoriseront l'apprentissage de la lecture chez votre enfant :

Lisez avec votre enfant

- Lisez l'histoire à voix haute et regardez les illustrations avec votre enfant. Parlez des personnages, du lieu, de l'action et des descriptions. Aidez votre enfant à faire des liens entre l'histoire et des événements de sa propre vie.
- Lisez des extraits de l'histoire et encouragez votre enfant à combler les vides. Au début, faites une pause pour permettre à votre enfant de « lire » les mots importants d'une ligne. Puis laissez-le trouver de plus en plus de mots et d'expressions. Lisez une ligne à tour de rôle, jusqu'à ce que votre enfant soit capable de lire le livre tout seul.

Faites les activités

- Faites de chaque activité un jeu amusant. Accordez suffisamment de temps à cette partie du livre.
- Lisez les règles du jeu à voix haute et assurez-vous que l'enfant les comprend bien.

Utilisez les cartes

- Lisez les mots avec votre enfant. Parlez des lettres, des sons et du sens.
- Faites coïncider les mots écrits sur les cartes avec ceux de l'histoire.
- Aidez votre enfant à trouver les mots qui commencent par la même lettre ou le même son, et les mots qui riment ou qui se terminent par le même son.
- Encouragez votre enfant à assembler les mots des cartes pour former des phrases tirées de l'histoire ou en créer de nouvelles.

Par-dessus tout, faites de la lecture un moment de plaisir. Montrez à votre enfant que lire est une activité agréable et valorisante. Félicitez-le et sachez que vous êtes pour votre enfant le premier et le plus important professeur. À ce titre, vous apportez une contribution précieuse à sa maîtrise de la lecture.

Tina Thoburn
Conseillère pédagogique

Pour Israel Klein
— K.H.

Pour Mike G., qui aime la mer
— E.F.

Catalogage avant publication de la
Bibliothèque nationale du Canada

Hall, Kirsten
J'ai peur de tout! / Kirsten Hall ; illustrations
d'Eugenie Fernandes ; texte français d'Hélène Rioux.

(Je peux lire!. Mon premier)
Traduction de: I'm so scared!
Pour les 3-6 ans.
ISBN 0-439-96617-5

I. Fernandes, Eugenie, 1943- II. Rioux, Hélène, 1949-
III. Titre. IV. Collection.

PZ26.3.H34Ja 2004   j813'.54   C2004-901210-X

Édition publiée par les Éditions Scholastic,
175 Hillmount Road, Markham (Ontario) L6C 1Z7.

5 4 3 2 1   Imprimé au Canada   04 05 06 07

J'ai peur de tout!

Kirsten Hall

Illustrations d'Eugenie Fernandes

Texte français d'Hélène Rioux

Mon premier Je peux lire!
Avec des cartes-jeux

Éditions SCHOLASTIC

Je suis un requin
peureux.

J'ai peur du noir.

J'ai peur
de ces anguilles.

J'ai même peur
des phoques!

J'ai peur de plusieurs choses...

de choses avec des nageoires...

**et de choses
avec des ailes.**

J'ai peur de cette grosse baleine.

C'est quoi, ça?

C'est ma queue!

J'ai peur de ma queue?

J'ai peur des anguilles et du noir?

Non! Je ne suis PAS
un requin peureux

LES CHOSES QUI FONT PEUR

Dans l'histoire, plusieurs choses effraient le requin peureux.

Toi, de quoi as-tu peur?
Que fais-tu pour avoir moins peur?

TROUVE LES REQUINS

Le requin peureux et ses quatre amis requins se cachent dans cette image.

Peux-tu les trouver?

Montre chacun des requins.

LES ANIMAUX ET LEUR QUEUE

Trouve la queue qui va avec chaque animal.

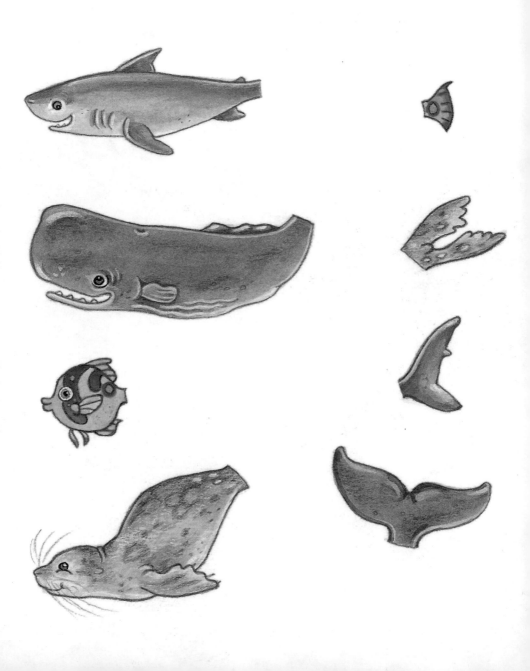

QUI SUIS-JE?

Lis la phrase ci-dessous.

> Je n'ai pas d'ailes,
> pas de palmes,
> pas de pinces,
> pas de nageoires.

Qui suis-je?

Montre où je suis.

LES MOTS QUI MANQUENT

Certains mots ont été remplacés par une image. Complète chaque phrase en nommant les animaux illustrés.

Je n'ai pas peur d'une

ni d'un

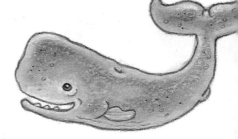

Je vois un

et une

Regarde le

et la

OÙ VIVENT-ILS?

Montre les animaux qui vivent dans la mer.

Montre les animaux qui vivent sur terre.

Quel animal vit à la fois
sur terre et dans la mer?

Montre-le.

RÉPONSES

Les choses qui font peur

Les réponses varient.

Trouve les requins

Les animaux et leur queue

Qui suis-je?

Les mots qui manquent

Je n'ai pas peur d'une anguille
ni d'un phoque.
Je vois un escargot et une baleine.
Regarde le chat et la chauve-souris.

Où vivent-ils?

Les animaux qui vivent dans la mer :

Les animaux qui vivent sur terre :

L'animal qui vit à la fois sur terre
et dans la mer :